29. 8. 2002

29.90 €

Naturerlebnis FRANKEN

Streifzüge durch eine Seelenlandschaft

Berndt Fischer

Naturerlebnis FRANKEN

Streifzüge durch eine Seelenlandschaft

Mit einer Einführung von Ludwig Sothmann
und Kapiteltexten von Helmut Haberkamm

Buch & Kunstverlag Oberpfalz

Die Deutsche Bibliothek - CIP-Einheitsaufnahme
Ein Titelsatz für diese Publikation ist bei
Der Deutschen Bibliothek erhältlich.

Wernher-von-Braun-Straße 1 · 92224 Amberg
Fotos und Bildtexte: Berndt Fischer, 91099 Poxdorf
Buchgestaltung: Günter Moser, 92260 Ammerthal
Lithos: Echtzeit Medien, 90429 Nürnberg
Druck: Druckhaus Oberpfalz, 92224 Amberg
Bindearbeiten: Oldenbourg, 85542 Kirchheim
ISBN: 3-924350-91-4

Titel: Herbstliche Weinberge bei Castell im Steigerwald
Vorsatz: Vogelinsel im Altmühlsee
Nachsatz: In den Hassbergen bei Nassach
Rücktitel: Wiedehopf

Naturschätze Frankens
Sein Reichtum lässt sich nicht annähernd beschreiben 6

Frankens Toskana
Jurafelsen und Weinberge · Apollofalter und Fliegenorchis 11

Weiherspiegel
Blaukehlchen und Purpurreiher · Karpfenernte und Schilfwildnis 35

Waldland
Steckerleswald und Spessarteichen · Hirschkäfer und Türkenbund 57

Kirche im Dorf
Winzer und Bauern · Turmfalke und Schleiereule 77

Bewegte Wasser
Eisvogel und Wasseramsel · Teichrose und Schachblume 101

Katzenbuckel
Riffkalk und Urgestein · Fledermaus und Wanderfalke 119

Naturschätze Frankens

Sein Reichtum lässt sich nicht annähernd beschreiben

Es gibt keine einheitliche fränkische Landschaft, wie es typische Gebirgslandschaften oder Küstenlandschaften mit Dünen und Klippen gibt. Franken ist ein Mosaik aus Landschaften – Kulturland vom Feinsten: Strukturreich, naturnah, wild und lieblich zugleich, voller Vielfalt und Spannung. Ein Land zum Verlieben.

Franken ist Vielfalt, ein Land der Unterschiede und Gegensätze. Es reicht von den Tieflagen des Maintals im Spessartvorland bis zu den windumzausten Kuppen aus Urgestein, die in der Langen Rhön und im Fichtelgebirge die 1000 Meter-Höhenlinie streifen. Franken kennt weite Beckenlandschaften genauso wie die Abbrüche der Frankenalb, deren herrliche Laubmischwälder durch den Jahreslauf mit ihrem Farbenspiel einen besonderen Zauber ausüben.

Landschaften von besonderer Schönheit haben unsere Vorfahren gerne „Schweiz“ genannt. Die Fränkische Schweiz ist so ein Raum, eine fast idealtypische Ferienlandschaft unweit des Nürnberger Ballungszentrums. Eine Genußlandschaft vor der Haustüre von gut 1 Million Menschen, aber doch weit genug weg von Betoneinfalt, Verkehrsachsen und Industrieemissionen, um dort tagelang in Natur eintauchen und die Seele baumeln lassen zu können. Ein Schwerpunktgebiet der Artenvielfalt, dessen ökologische Qualität noch dadurch gewinnt, daß es durch weiträumige Biotopbrücken mit unterschiedlichen Lebensräumen bis hinauf nach Thüringen oder im Westen mit Steigerwald und Frankenhöhe vernetzt ist.

Was macht Frankens Wert für den Arten- und Biotopschutz aus? Hier gibt es eine ganze Reihe von Vegetationsformen und Lebensraumtypen, die in Bayern, z.T. in der ganzen Bundesrepublik, nur hier anzutreffen sind. Die botanischen Highlights sind vermutlich die Sandmagerrasen im Naturschutzgebiet Astheimer Sande, die Gipssteppen bei Bad Windsheim und die Dolomitsandheiden am oberen Pegnitztal. Die Vielzahl von Sonderstandorten hat in den langen Zeitläufen der

Evolution zu eigenen Pflanzenschöpfungen geführt. Endemiten nennt sie der Fachmann. Selbständige Arten oder Unterarten, die auf der ganzen Welt nur hier vorkommen und sonst nirgends. Die interessantesten von ihnen sind das Fränkische Habichtskraut (Hieracium franconicum), die Fränkische Mehlbeere (Sorbus franconicum) und ein enger Verwandter, der für die fränkischen Talzüge fast charakteristischen, sonst aber im Binnenland sehr seltenen Grasnelke, nämlich die Serpentingrasnelke (Ameria serpentinii).

Im Gegensatz zu Pflanzen sind Wirbeltiere oder Insekten beweglich. Deshalb kann es auf einem so engen Raumausschnitt, wie es Franken zu ganz Mitteleuropa darstellt, bei diesen Tiergruppen nicht zur Entwicklung von solchen Endemiten kommen. Aber attraktive, seltene, ja faszinierende Arten hat Franken allemal: Raubwürger und Purpurreiher, Wachtelkönig und Rotschenkel oder bei den Insekten die Grüne Keiljungfer, den Eremiten, den Maivogel und viele andere.

Die Vielfalt der fränkischen Kulturlandschaft hat zahlreiche Wurzeln. Am wichtigsten ist sicher die reiche naturräumliche Gliederung. Hinzu kommt, daß in größerem Umfange seit den Kelten dieses Land auf unterschiedlichstem geologischen Untergrund agrarisch genutzt wird. Ackerbau und Viehzucht und manche Sonderkulturen (z.B. Hopfen-, Tabak- und Spargelanbau) prägen daher bis heute diesen Raum.

Die schönste von ihnen ist der Streuobstanbau. Wo es Klima und Boden zulassen, legen sich Obstgärten mit Äpfeln, Kirschen, Zwetschgen, aber auch Birne und Walnuß wie breite Schals um fränkische Dörfer und Weiler und bilden eine landschaftsprägende Synthese von Siedlungs- und Kulturlandschaft. Zur Obstbaumblüte im Frühjahr versinken diese Gegenden in herrlicher Blütenpracht: Bienen summen, die Landschaft riecht – schönes Franken.

Weil dieser seit Generationen betriebene Obstanbau an vielen Stellen noch nicht mit genormten und zurechtgestutzten Halbstämmen erfolgt, sondern hier der knorrige Hochstamm überlebt hat, sind traditionelle Streuobstwiesen Oasen der Vielfalt in einer intensiv genutzten Landschaft geworden. Ortolan und Wiedehopf, Steinschmätzer und Grünspecht haben ihr Auskommen. Artenvielfalt lebt.

Biodiversität nennt man diese Vielfalt an Pflanzen und Tieren. Den Fachleuten gilt sie als eine, wahrscheinlich die entscheidendste Ressource für menschenwürdiges und erlebenswertes Leben zukünftiger Generationen. Franken hat auch großräumige Bereiche, die für den Naturschutz und den Erhalt der Arten wichtig sind. Europa war einmal Waldland. Die nur in Mitteleuropa und ein bißchen darüberhinaus heimischen Buchen- und Buchen-Eichenwälder sind für uns ein Naturerbe von besonderem Reiz. Diese Primärvegetation unseres Raumes mußte in großem

Umfang der Fichte und anderen ertragreicheren Nadelbäumen weichen, aber in Westmittelfranken, im Spessart und im Steigerwald gibt es diese ursprünglichen Laubwälder noch. So wundert es nicht, daß die beiden Waldfledermausarten Großes Mausohr und Bechsteinfledermaus ihren Weltverbreitungsschwerpunkt bei uns in Franken haben.

Die Hälfte aller Arten, für die wir im globalen Artenschutz eine besondere Verantwortung tragen, sind Waldarten, meist sind sie an Buchen- und Eichenwälder gebunden. Viele von ihnen, z.B. alle Spechte und ihre Nachmieter, sind auf alte Bäume angewiesen. Waldvielfalt braucht also große naturnahe Areale mit ausreichend Totholz. Wenn dies erfüllt ist, sind gerade Buchenwälder prall voll Leben. Bis zu 6.800 Tierarten kommen dort vor; 1.800 sind eng an Buchenwälder gebunden. Dazu kommen so herrliche Pflanzen wie der unübertroffene Frauenschuh, der Dipdam, der in filigraner Mächtigkeit die warmen Sonnenflecken im Wald sucht, oder unsere schönste Lilie, der Türkenbund, und viele andere.

Verglichen mit anderen bayerischen Regionen ist Franken arm an natürlichen Seen. Schon seit dem Mittelalter hat der Mensch versucht, dies zu ändern. Teichwirtschaft hat in Franken eine lange Tradition. Der Aischgründer Karpfen ist nicht nur ein gesunder Leckerbissen, sein von Klöstern und Bauern geschaffener Lebensraum mit schier endlosen Weiherketten und Teichgruppen hat in weiten Talauen eine Landschaft von amphibischem Reiz gestaltet. Vor allem die alten, großen, oft vor Jahrhunderten errichteten Weiheranlagen mit ausgedehnten Verlandungszonen haben sich zu wichtigen Ersatzbiotopen entwickelt. Hier haben die Lebensgemeinschaften der längst verschwundenen Flußmäander und Altarme Überlebensinseln gefunden. Der seltene Purpurreiher, die geheimnisvolle Große Rohrdommel führen in den Schilfwäldern ihr verborgenes Leben, an dessen Rand der Drosselrohrsänger als Bioindikator die ökologische Bedeutung naturnaher Weiheranlagen laut und kräftig in den Himmel singt.

Diese traditionellen Weiher haben seit Mitte der 70er Jahre große Brüder erhalten: das Fränkische Seenland mit Altmühl-, Brombach- und Rothsee. Geplante Landschaften mit klarer wasserwirtschaftlicher Aufgabe, aber in ihren Schutz- und Ruhezonen Naturräume aus zweiter Hand von z.T. exquisiter Lebensraumqualität. Alleine 70 Brutvogelarten und über 220 Rast- und Gastvogelarten haben die LBV-Mitarbeiter dort in den letzten Jahren festgestellt.

Hier findet der Besucher zu jeder Zeit Wasservögel in unglaublicher Vielfalt und Schönheit. Die Jagdruhe auf den neuen Seen trägt entscheidend dazu bei, daß die Vögel diesen Lebensraum uneingeschränkt nützen können. So haben sich im internationalen Vogelzug Roth-, Brombach- und Altmühlsee in wenigen Jahren zu

Trittsteinbiotopen und Rastplätzen von europäischer Bedeutung entwickeln können.

Flußaufwärts, an den Altmühlsee anschließend, liegt Süddeutschlands wichtigstes Wiesenbrütergebiet: das Wiesmet. Es ist durch Baumaßnahmen in den letzten 30 Jahren deutlich kleiner geworden und muß daher im Sinne des Naturschutzes differenziert gemanagt werden. Diese Landschaftspflegemaßnahmen stellen aber sicher, daß Großer Brachvogel, Uferschnepfe und Bekassine in einer solchen Anzahl überleben können, daß wir eine Ahnung behalten von dem archaischen Reiz, den die weiten gefällearmen Flußlandschaften Frankens früher ausgeübt haben müssen. Daß in diesen Zonen ein Schwerpunkt des bayerischen Storchenvorkommens liegt, ist fast selbstverständlich.

Wesentliche Elemente des fast mediterranen Charakters fränkischer Landschaften sind die Weinberge und Wachholderheiden. Dem landschaftsästhetischen Reiz alter, nicht bereinigter Weinberge kann sich niemand verschließen. Der Naturfreund freut sich über Wildtulpen, Traubenhyazinthen sowie Zaun- und Mauereidechsen. Weit naturnäher, aber auch eine klassische Kulturlandschaft sind die parkartig anmutenden, oft nach Thymian duftenden Wachholderheiden, die viele Talhänge begleiten. Ihre besondere Standortqualität hat sie zu den artenreichsten Orchideen- und Enzianlebensräumen unseres Landes werden lassen.

Ohne nutzende Pflege verbuschen diese Landschaften. Seit Jahren erhalten wieder Schafherden die Heiden in ihrer Vielfalt und Einmaligkeit. Die Bestände von Neuntöter, Dorngrasmücke und Heidelerche scheinen damit gerettet.

Der Reichtum Frankens läßt sich nicht annähernd vollständig beschreiben. Zu abwechslungsreich und vielgestaltig sind seine Landschaften. Man muß Franken sehen, riechen und schmecken, man muß dort wandern und spazierengehen, dann kann sich der Faszination dieses Landstriches kaum jemand entziehen.

Ludwig Sothmann

Du siehst dich selber auf dem Buckel oben stehen, mitten im quickgrünen Baumgarten, du spürst, wie du abhebst vom Boden, wie dein Körper federleicht wird, wie die Luft Balken bekommt, wie du geiergleich emporsteigst und mit einem Mal alles unter dir erblicken kannst, sonntagsstolz ausgebreitet in Klarheit und Glanz: Franken aus lichter Höhe im heißen, goldblauen Michaelisommersonnentag.
Äcker im Baummeer, Weiher im Wiesenland, ihr Glitzern und Spiegeln, die Wendwege und Schlängelbäche, die sich windenden Flüsse zwischen Weiden und Erlen, dazu die Nähte um den Fichtenföhrenpelz und das Feldergefleck, die Asphaltadern und Stromsehnen hin zu heimeligen Nestern, hineingepflanzt wie Flechtenbärte im Straßengespinst der Schnörkel und Striche.
Das Gepränge der blitzenden Limousinen neben den blumenbunten Friedhöfen und grasgrünen Fußballplätzen, wo Farbtüpfelchen herumhüpfen zwischen Kalklinien und Fahnenstangen, huschende Blutkörperchen unterm Verkleinerungsglas, geladene Teilchen im Feld zwischen Kriegerdenkmälern und Autobahnkreuzen.
Alles mutet einen so mickrig an, so geringfügig, im selben Atemzug aber auch so anheimelnd und zerbrechlich. Dösende Dörfer um gluckende Kirchen mit halsstarrigen Köpfen. Aufleuchtende Fensterscheiben, die perlende Schweißschicht auf dem glühenden Gesicht dieser Heimat, dem abgedroschenen Altweiberland mit den ausgemachten Ställen und dem knarzenden Fachwerk der Altsitzer und Scheunen. Ach, das warme, stille, gefährdete Land, dieses unfaßliche Schmuckstück im Ziegelton der Dächer, im Taubengrau der Teerdecken, im Morgengrau der Fabrikhallen und Fertigungsstätten! Und in der Ferne, verschwommen und flüchtig, der Horizont mit seinem blassblauen Schimmer aus Sehnsucht und Erinnerung, hinter dem zahllose andere Welten einfach weitergehen, fernnahe Himmelsstriche voller Gedeih und Belang...

Frankens Toskana

Jurafelsen und Weinberge
Apollofalter und Fliegenorchis

Das „Walberla“ mit seiner Walpurgis-Kapelle ist sowohl eine geschichtsträchtige als auch naturräumliche Besonderheit: als keltische Fliehburg, Ausgrabungsort, Zielpunkt christlicher Prozessionen, Zeugenberg, Standort seltener Kalkpflanzen und Felsenbastion des Uhus.

Mehr als ein Stück Brachland oder Altgras benötigt die Zauneidechse nicht zum Überleben. Sie ist anspruchslos und war bis vor einigen Jahren allgegenwärtig. Die maschinengerechte Landwirtschaft ist ihr zum Verhängnis geworden. Eines der selten gewordenen, prächtig gefärbten Männchen im Frühjahr.

Bunt schillernde Laufkäfer wie der Große Puppenräuber sind wahre Juwelen der steinigen Trockenlandschaft.

Noch sind die Kirschbäume kahl und die Aprilnächte kühl. Wenn die Morgensonne die Luft erwärmt, beginnt der Starenmann mit seiner Brautwerbung. Schwätzende und schnarrende Laute, heftiges Flügelschlagen, ein paar Gräser im Schnabel: mehr bedarf es nicht, um die Starin und den ausstehenden Frühling von der Ernsthaftigkeit seines Anliegens zu überzeugen.

Das Weiß der Kirschenblüte und das Rosa des Kleinen Storchschnabels verzaubern die Streuobstwiese in ein Meer von Pastelltönen.

Alter Holzbirnbaum in der Feldflur, wenn er fehlte, fehlte nicht einfach irgend ein Baum.

So verschwenderisch seine Blüte, so prächtig seine Herbstfärbung.

Gestützt auf den Stock betrachtet der Hirte seine Herde. Ein Bild voller Ruhe und Muße, das in jüngster Zeit wieder häufiger zu werden scheint.

Gewitterstimmung am Hohenlandsberg im Steigerwald. Huteichen und Wacholder geben dieser alten Weidelandschaft ihr Gepräge. An einem Maientag wie diesem ruft vielleicht der Wiedehopf aus einer Eiche. *(Seite 18/19)*

Filigrane Schönheit in der Blumenwiese: Ein frisch geschlüpfter Schwalbenschwanz hängt an der Margeritenblüte.

Auf den Trockenrasen am Main und im Jura blüht die seltene Fliegenragwurz.

Junge Steinmarder erkunden ihr Revier in der Streuobstwiese.

Wie ein lichter südlicher Hain wirkt die Streuobstwiese mit ihren alten Kirschbäumen. Anders als im Wald herrschen hier offenere Licht- und Raumverhältnisse, fast wie in der spanischen Korkeichen-Dehesa. Kein Zufall, dass dieser Lebensraum vielfältiges Vogelleben beherbergt. Frankens letzte Wiedehopfe und Steinkäuze brüten hier.

Wacholderheide bei Tiefenstürmig in der Fränkischen Schweiz. Aus vergangenen Zeiten stammt die breit ausladende Huteiche. Dieser Lebensraum bedarf der aktiven Landschaftspflege, um vor der vollständigen Bewaldung bewahrt zu werden. Ursprünglich entstanden die Wacholderheiden im Gefolge extensiver Weidewirtschaft und erstreckten sich auf viel größeren Flächen.

Naturschutzgebiete sind allzu oft kleine Parzellen in einer ansonsten monokulturellen Landschaft. Diese Baumgruppe ist Teil des NSG Frankenberg am Steigerwald-Westabhang. Die Weinberge am Bullenheimer Berg sind längst flurbereinigt. Insofern stellen Gebüsch- oder Bauminseln letzte Refugien für Tiere und Pflanzen dar.

Die Weinberge des Steigerwalds bei Castell reichen unmittelbar bis an die Grenze des zurückgedrängten Laubwalds heran. Bei der markanten Baumgruppe auf dem Gipfel des Weinbergs handelt es sich um Linden.

Selten gewordene Frühlingsboten: Küchenschellen (o.l.), Wildtulpen (o.r.), Frühlings-Adonisröschen (u.l.) und Kleines Knabenkraut (u.r.).

Feuerfalter gehören zu den Bläulingen und zu den kleineren Schmetterlingen. Auf ihren winzigen Flügeln entfalten sie eine geradezu exotische Farbenpracht. Der Violette Feuerfalter erstrahlt in leuchtendem Orange und betörend schönen Blau- und Violetttönen, die sich als Lichtbrechung über das Orange ergießen. Eine Intensivierungsmaßnahme genügt, um das Falterleben zum Erlöschen zu bringen.

Ob Neuntöter oder Dorndreher: dieser Symbolvogel des Naturschutzes trägt einen volkstümlichen Namen und erinnert an Zeiten, als es ihn häufig und unübersehbar in allen möglichen Wiesen-Hecken-Habitaten gegeben hat. Immer auf der Spitze der Hecke, immer auffällig und wenig scheu. Dort, wo Neuntöter erfolgreich brüten, ist der Lebensraum vergleichsweise in Ordnung.

Menschliche Rodungstätigkeit im Mittelalter hat aus den ursprünglich bewaldeten Vulkanbergen der Rhön jene typische offene Landschaft mit Mähwiesen und Hecken oder Baumreihen hervorgebracht, die für den Neuntöter oder seinen Verwandten, den Raubwürger, zum Lebensraum wurden. Der Flug über den fast 1000 Meter hohen Heidelstein offenbart die Schönheit und Weite dieser Kulturlandschaft.

Abwechslungsreiches Landschaftsbild mit vielen Obstbäumen bei Leutenbach am Albanstieg.

*Heckenlandschaft im Wiesenttal bei Kirchehrenbach.
Die Märzensonne hat den Schnee im Tal weggeleckt, an den Hängen der Alb herrscht nur noch scheinbar Winter.*

Während in den Flusstälern Reif und Schnee zu seltenen Erscheinungen geworden sind, gibt es auf der Albhochfläche mit ihrem raueren Klima noch jene kalten Wintertage, an denen aus Nebel- und Wolkenfeuchtigkeit die bizarren Kunstwerke des Raureifs entstehen.

Nur kurze Zeit widersteht die Raureif-Pracht den Strahlen der Sonne, die den dichten Nebel gelichtet haben.

Bist du mit die Schnaken g'flogen hinten am Weiher oder bist auf der Milchsuppen dahergschwommen kommen? Hat dich der Storch gebracht oder hat dich die Dausch hingeschüttet? Hab ich mit dir schon einmal g'schussert oder haben wir Gäns gehütet dort mitnander? Warst du mit Rosen bedacht, mit Nelklein besteckt? Haben dich die Hühner ausglacht und die Hundsluschen verdreckt? Heile heile Segen, drei Tage Regen, drei Tage Schnee, tut schon nimmer weh. Husch, husch, die Waldfee, alles werd widder schee.
Bist auch gschwommen im Weiher, hast den Schlamm gspürt an die Füß, die Heckenmuttern und Staudenhecht? Der Wind ist dir übers Haar gefahren, über Weizen und Gedanken und Jahre. Hast du auch die Piratenlieder gesungen, von den jauchzenden Jungen auf dem Rücken ihrer Pferde, ohne Sättel, an die Mähnen festgekrallt, Staub wirbelt auf, es dröhnt vom Hufschlag die Erde, so jagen sie vorwärts, daß die Seidenfahne knallt!

Hinten am Weiher, beim Apfelbett und der Dockenweide, da kam ein Brieflein geflogen, landet sanft mir auf mei´m Fuß, da sind Herzle im Umschlag, von der Liebsten ein´n Gruß. Zungenkuß und Erdbeermond, Härtefall im Taubenschlag. Eidechsenprinz im Himbeerreich, Buchfink und Rotschwänzchen. Leis wie ein gieriges Wiesel flitzten die Finger an die Wäsche meiner Windbraut, ihr Gesicht schön wie Milch und Honig, zitrusfrisch der Duft der blühenden Lupinen, der Hollerbusch in Blüh und Blust. Das Land mit den Bäumen sah aus wie ein Frauenkleid auf warmer Haut.
Hier vom Weiher aus ist alles weit weg, das Graffl und Gschlamb, das Gschmarri und Glumb. Von hier aus ist alles halb so wild, net die Welt, net der Red wert. Hier finden meine Schritte ihr Maß, ihren Weg und ihr Ziel. Und hier könnt man enden und aufhören, wie ein Schwan, den die Dämmerung verschluckt, wie ein Karpfen, der nach Luft schnappt am Weiherdamm hinten.

Weiherspiegel

Blaukehlchen und Purpurreiher
Karpfenernte und Schilfwildnis

Weiherlandschaften haben etwas Beruhigendes an sich. Die glatte, unbewegte Wasseroberfläche, der Widerschein des Himmelslichts und die schwebenden Wolken im Wasser heben die Trennung der Sphären auf. Hier wird Stille sichtbar. Wie Speere ragen die starren Schilfhalme des vergangenen Jahres auf. Erst das frische Grün des Sommers macht aus dem Schilfgürtel einen weichen, windbeweglichen Wald.

Wo Weiher extensiv bewirtschaftet werden, beginnen sie von den Rändern her zu verlanden. Das Wasserpflanzenleben ist vielfältig. Ein Teppich von rosa Blüten in Gestalt des Wasserknöterichs überzieht die Oberfläche dieses Weihers bei Höchstadt/Aisch.

Im schützenden Schilf- und Weidendickicht brüten heimliche Schilfbewohner wie der Purpurreiher, der als Zugvogel nur den Sommer in den fränkischen Weihergebieten verbringt.

Wenn morgendliche zarte Nebel den Weiher einhüllen, entsteht eine ganz besondere Atmosphäre von milchigem Licht und graphischen Strukturen. Das andere Ufer rückt schemenhaft in weite Entfernung.

Heimlich und diskret geht die Brut des Blaukehlchens im Schilfwald vonstatten. Nur während der Paarungszeit machen die singenden Männchen auf sich aufmerksam, wenn sie ihr abwechslungsreiches Lied von einem schwankenden Halm oder im Singflug vortragen. Jetzt bei der Aufzucht des Nachwuchses haben auch sie Wichtigeres zu tun.

Die lärmenden Lachmöwen gehören auch ins Bild der lebendigen Weiherlandschaft. An den Mohrhof-Weihern existiert eine riesige Brutkolonie, deren Geschrei die Luft auf weite Entfernung erfüllt.

An warmen Spätsommertagen schwirren sie zu Hunderten die Weiherdämme entlang. Es ist die Zeit der Eiablage bei den Herbstmosaikjungfern. Wie Hubschrauber stehen sie für Augenblicke still auf der Stelle, um im nächsten Moment mit reißendem Flug ein Weibchen oder einen Rivalen zu verfolgen.

Ein Gewitter hat sich in der Abendschwüle eines Maientags entladen. Wiesen und Wälder verdampfen die Feuchtigkeit in die abgekühlte Luft. Das Rot der untergehenden Sonne taucht die Regenwolkenreste in unwirkliches Violett. Nebel und Weiherspiegel nehmen diese Farbe für einige Minuten auf. Stimmung am Wolfsee im Steigerwald. *(Seite 42/43)*

Das Vogelleben am naturnahen Weiher ist vielfältig: rastende Sichelstrandläufer im Herbst (o.l.), Haubentaucher im Brutkleid (o.r.), auffliegende Reiherente (u.l.) und Krickente am winterlichen Wassergraben (u.r.).

Besonders farbenprächtig sind die Schwarzhalstaucher, wenn sie ihr Brutkleid tragen. Die aufgestellten Kopffedern der beiden Partner verraten ihre Erregung während der Balz.

Die ersten milden Februartage locken die Grasfrösche in waldnahe Tümpel und Teiche. Dabei riskieren sie oft genug, von Kälteeinbrüchen bei ihrem Liebestreiben überrascht zu werden.

Der Laubfrosch bevorzugt für seine Hochzeit wärmere Gewässer in tieferen Lagen. Das laute nächtliche Keckern ist erst ab Ende April weithin zu hören.

Nährstoffarme Weiher mit Flachwasserzonen sind der Lebensraum des sehr seltenen Moorfroschs. Während der Fortpflanzung verfärben sich die Männchen auffallend himmelblau.

Das Laub des Schneeballs hat sich bereits verfärbt und die Weiden sind nur schemenhaft wahrzunehmen: Es ist Herbst geworden am Weiher.

Die Bucher Weiher bei Höchstadt/Aisch zeigen noch gewachsene Vielfalt: Auf den Dämmen weiden Schafe, die Obstbäume werfen reichlich Renekloden und Birnen ab, auch der Hollerbusch wird toleriert und der Schilfgürtel birgt die Rohrdommel. Die „modernen“ Weiher einer ausschließlich profitorientierten Fischzucht sehen anders aus.

Abfischen der Aischgründer Spiegelkarpfen im Oktober an den Krausenbechhofer Weihern.

Der Frost hat die Weiher mit einem Eispanzer überzogen. Von ein paar Füchsen abgesehen, die sich im Schilfdickicht vergeblich vor den Jägern verstecken, halten sich nicht mehr viele Tiere an den Weihern auf. Lediglich die aus dem noch kälteren Osteuropa zugewanderten Bartmeisen turnen akrobatisch auf den Schilfwedeln herum, um die ölhaltigen Samen herauszupicken.

Im Winter sieht man die Rohrdommel am ehesten außerhalb des Schilfdickichts, wo sie mit ihrem Gefieder perfekt getarnt ist. Dabei ist sie fast so groß wie ein Graureiher und damit einer unserer größten Wasservögel. Wenn in strengen Wintern die Nahrungssuche am zugefrorenen Weiher unmöglich geworden ist, weicht die Rohrdommel auf offene Gräben und Bäche aus.

Nur ausnahmsweise rasten größere Trupps von Kranichen in Franken, weil die Zugwege weiter westlich oder östlich verlaufen. Diese Gruppe hielt sich für einige Tage in den ans Weihergebiet angrenzenden Stoppeläckern auf. Ein früher Wintereinbruch im November überraschte die Tiere und sorgte für eine stimmungsvolle Umgebung.

Die Vogelfreistätte Mohrhof-Weiher ist sicherlich das bedeutendste Naturschutzgebiet im Landkreis Erlangen-Höchstadt. Leider ist es nach wie vor Jagdgebiet und ab September Schauplatz umfangreicher Knallereien.

Im schwankenden Waldschiff droben hocken in der Fichtenkupfen, im baumhohen Mastkorb der Freibeuter, diesem Krähennest der Purzelkühpiraten. Es ist ein Tag zwischen den Aprilbuzen und den Eisheiligen, wo es Schlachtrufe emporregnet und man mit Schnee und Sonnenstrahlen bewirtet wird. Der Flederwischwind kommt vom Steigerwald heruntergewedelt und jagt den Himmelsweihern und Wolkenbrunnen einen Schauder über den Rücken. Der alte Windbeutel ist nachher ganz anders als vorhin, einmal kommt er ficherland daher, so sierisch und wepsig, dann wieder saumselig und liedschiftig, erst blütensüß und honigmild und dann bläst er saumäßig sängerlich daher und belzig bis dort hinaus. Er packt die Palmkätzle und zotteligen Haselwürstle beim Kragen und schüttelt ihnen den Staub aus dem Schopf, er tupft ans Engelshaar im Hasengärtla und schmeißt die Mistbrüh über Rain und Fuhr, er jagt gelbe Drachen und blaue Schürzen in die Wolken, rumpelt durch Schwitzkästen und Opferstöck, er treibt die Hundsknochen und Lausniegel zum Dorf hinaus, er wächtelt und blustert und fachiert.
Hier im Krähennest der Fichtenkupfen hockst du wipfelweit über den Rauhnächten und Hundstagen, über dem Blau der Leberblümchen und Veilchen, dem Rot vom Seidelbast, dem Gelb von Huflattich, Schlüsselblumen und Ginster, dem Weiß der Kirschblüten und Schlehenhecken, hier lauschst du dem Chor der Kiefern, die das alte Holzlied singen von Spänen, Spreißeln und Scheitern, von den Herzwurzeln und der Schelfenhaut, vom Pfingstvogel im Rüsterbaum und den Kleehummeln in der Wiesenblüh. Du hockst oben im Waldschiff und liest deine Zukunft aus den Eingeweiden der Karpfen und den Teerdecken der Heimwege, du hältst Ausschau nach den fränkischen Sternbildern Grawitschgo und Zerranowa und erdichtest dir Himmelsrichtungen, die ins Ungefähr und Geratewohl führen, auf ein Neuland zu, das voll ist von Kindheit, sternlang, hasenwild und wunderfitzig verwunschen.

Waldland

Steckerleswald und Spessarteichen Hirschkäfer und Türkenbund

Seit den Rodungen im Mittelalter wurde der Wald in Franken vor allem in die Berglagen zurückgedrängt. So finden sich heute ausgedehnte Wälder in den „Gebirgen" und Hügeln, wie z.B. im Spessart, im Fichtelgebirge und Frankenwald oder hier im Bild in den Hassbergen. Im Westen der Hassberge dehnt sich das fruchtbare Gäuland aus, mit dem Anstieg der Schichtstufe übernimmt der Wald die Vorherrschaft. Wie hier in der Nähe der Schwedenschanze handelt es sich um artenreiche Mischwälder.

Waldblumen: Sauerklee (o.l.), Gemeine Akelei (o.r.), Leberblümchen (u.l.) und Buschwindröschen (u.r.).

Die Zeit der ersten Frühblüher ist vorbei, da erfüllt der Duft von Knoblauch lichte Eichen- und Buchenwälder. Ein dichter Teppich von Bärlauch mit seinen saftig-grünen Blättern und weißen Lilienblüten bedeckt den Waldboden.

Für den Jura sind sie typisch: Mischwälder mit vorwiegend Buche, Föhre und Fichte. Nicht die Sonnentage mit grellen Helligkeitskontrasten und irrlichternden Flecken sind der richtige Zeitpunkt, um die Atmosphäre des Waldes einzufangen. Wenn verdampfender Regen den Waldinnenraum erfüllt, „hundert“ verschiedene Grüntöne in voller Farbsättigung erstrahlen, unverkennbare Gerüche in der Luft liegen, dann ist der Wald mehr als Holzlieferant oder Wanderkulisse.

Eine Orchidee, kostbar und fremdartig schön, der Frauenschuh. Hoch aufgerichtet, mitunter doppelblütig, fein geädert, gelb und purpurrot überrascht sie den Wanderer.

Was der Frauenschuh für die Familie der Orchideen, das bedeutet der Türkenbund für die Liliengewächse. Wer diesen Riesen an „seiner“ geheimen Stelle findet, der wird jedes Jahr wieder zurückkehren.

Weit schweift der Blick oberhalb von Urphar über die Waldberge des fränkischen Spessart, die der Main in einer eindrucksvollen Schleife durchströmt. Tage wie diese, mit dunklen Wolken, die der Wind über den Himmel hetzt, und kurzen Aufhellungen, wo die Sonne wie ein Suchscheinwerfer die Hügel entlanggleitet, gibt es nur im Herbst. *(Seite 62/63)*

Kaum größer als ein Sperling, ist diese kleinste heimische Eule kühn genug, um Beute von der eigenen Körpergröße zu überwältigen. Der Sperlingskauz ist ein Meister der koboldhaften Körpersprache: stechender Blick, 180°-Kopfdrehung, Knixen und Kopfpendeln, Auf- und Abgänge wie ein Spuk.

Einer der charakteristischsten Waldvögel ist der Schwarzspecht. Was wäre der Buchenwald im Frühjahr ohne seine langgezogenen, kräftigen Trommelwirbel und seine lauten, schallenden Rufreihen. Unwillkürlich denkt der Beobachter an Mephisto und dessen nachtschwarzen Mantel und feuerrote Kappe.

Heimlich-drolliger Geselle des Laubwalds ist der Dachs. Franken ist noch oder wieder Dachsland. Die Baubegasung zur „Tollwutbekämpfung", behördlich angeordnet, hat ihn vor 20 Jahren fast ausgerottet. Er ist zurückgekehrt, unser größter Vertreter aus der Marderfamilie.

Poesie des Augenblicks, der Wespenbussard sitzt gut gedeckt im Laub des Sommerwalds. Sein Auge verrät trotz aller Ruhe die Aufmerksamkeit des wachsamen Greifvogels.

Alte Huteichen im NSG Rohrberg im Spessart. Als es im ehedem einsamen Spessart die „Räuber“ noch gab, da lagerten sie vielleicht unter mächtigen Eichen, wie sie heute am Rohrberg zu bewundern sind. Relikte aus Zeiten, als die Bauern mit ihren Herden Waldweide betrieben. Die freistehenden Eichen konnten zu Baumgiganten heranwachsen, weil ihnen die Weidetiere die Baumkonkurrenten um Licht und Boden vom Leibe hielten.

Nur noch an wenigen Stellen in Unterfranken surren die dicken Brummer der Hirschkäfer durch den Wald, süffeln an blutenden Eichen oder kämpfen mit ihren urtümlichen Zangen auf morschen Turnierplätzen.

Das Eichhörnchen ist mittlerweile in städtischen Parks und auf alten Friedhöfen häufiger als in seinem ursprünglichen Lebensraum, den Laub- und Mischwäldern.

Laub- und Mischwald in der Fränkischen Alb, Wolkenfetzen hängen am Berghang. Herbststürme und Laubfärbung schaffen eine unverwechselbare Stimmung.

Im kühlen Frankenwald herrscht ein anderer, eher „nordischer" Waldtyp vor. Im Höllental bei Bad Steben durchquert der Wanderer auf dem Weg zum Gipfel des König David wunderschöne Mischwälder mit Weißtanne und Bergahorn.

Abgerissene Rindenborke einer Birke

Baumporlinge an mächtigen Buchenstämmen

Inmitten bewaldeter Hügel liegt der stille Bachgrund bei Urspring im Landkreis Forchheim. Der Mondaufgang und die Herbstnebel zeichnen das Bild einer archaischen Mittelgebirgsromantik.

Das letzte Licht ist oftmals das beste. Den ganzen Wintertag hat die Sonne vergeblich gegen den zähen Nebel über den verschneiten Wäldern bei Altdorf angekämpft, um kurz vor Sonnenuntergang eine kleine Nebellücke aufzureißen.

Mäusebussard auf seinem winterlichen Ansitz. Nur plötzliche Schneefälle machen so ein Bild möglich, anhaltende Schnee- und Kälteperioden veranlassen die Vögel in tiefere, schneefreie Lagen zu ziehen, zumindest in die Nähe der Siedlungen oder Autobahnen.

Eine Gruppe Rehe im Föhren- (oder fränkisch) Steckerleswald. Fotograf und Darsteller stehen sich, zur Salzsäule erstarrt, gegenüber. Eine falsche Bewegung an der Kamera und die Rehe stieben Hals über Kopf davon.

Die Blätter des vergangenen Sommers bilden einen weichen Teppich, bevor ihn die ersten Nachtfröste zu einer knisternden Reifschicht einfrieren.

Etzert laßt mir fei bloß die Kirch im Dorf, Leut, sabberlodder nummoll naa! Laßt ner den Herrgott an guten Mann sei und hängt net jeden Dreck gleich an die groß Glocken! Laßt ner die Leut ihr Ruh, laßt ner des Kind im Brunna, laßt ner die Leut ihr Kreuz. Was weiß denn der Ochs vom Sonntag? Wemmer den einspannt, dann ziecht er. A gscheita Ärbert verscheucht schnell die Sprüch und die Krämpf. A gscheiter, gsunder Dreck hat noch keinem was gschadt. Mit dem Alten muß man des Gut derhalten. Auch wemmer ka Fleisch hat, so hat mer doch die Brüh. Der Schwaaß macht aa des Kraut fett. Mancher Kerl tut sich störn an einem Braten in der Röhrn. Manche Fraa sucht des Weißbrot auf der Hollerstauden. Mit die falschen Leut kommst schnell von die Federn aufs Stroh. Unselige Leut vergönnen der Katz den Sommer net. Dumm, frech und stolz, des wächst aufm selben Holz. Wenn a Narr die Kuh bei die Hörner packt, na kann sie a Schlauer fraali leicht melken. Den Vogel, der wo in der Früh recht pfeift, den holt am Abend die Katz. Des Maul ist a klanna Lucken, aber die kann Haus und Hof verschlucken. Von die arma Leut lernt mer des Kochen, und von die Reichen des Sparen. Wenn die Maus voll ist, na schmeckt des Mehl bitter. Wenns dem Esel zu gut geht, na geht er aufs Eis und trampelt. Hock dich net auf an grüna Zweig und wart, bis er dürr ist. Ziech dir kein Kittel an, der wo dir net paßt. Gibt Gott das Häslein, na gibt er auch das Gräslein. Geld bringt Hosen und Zeit bringt Rosen. Keiner schaut dir in den Magen, aber jeder auf den Kragen. Die einen können Schustersnägel essen, die andern sterben an einem einzigen Strohhalm. Ein Gscheiter hälts aus und um einen andern ist net schad. Letzten Ends ist der Pressack immer nu die größte Wurscht. Nach und nach derzwingt die Katz den Sausack. Den Backofen, den wo du anschürst, bei dem schießt amoll a anderer ein. Laßt mir ner die Kirch schee im Dorf, Leut, nachert fleckts und fruchts und frommts, des Gute habt ihr!

Kirche im Dorf

Winzer und Bauern
Turmfalke und Schleiereule

Harmonie von Natur- und Kulturlandschaft: Kirchturmspitze hinter obstbaumbestandenem Hügel. Mit Baum, Wiese und Ortschaft, ergeben sich die „richtigen“ Proportionen von Himmel und Erde. Dies hier ist Heimat, unverwechselbar, nicht irgendeine Gegend: Weichbild des fränkischen Dorfs Hetzles im Landkreis Forchheim.

Gänsemarsch bei Hesselberg im Landkreis Erlangen-Höchstadt. Zeit für den Heimweg von Matthäus Grau und seinen Gänsen.

Andere Verkehrsmittel, andere Wege, Generation Zukunft: Motorbike, Car Wash, FCN. Längst ist die „Gegenwart" im Dorf angelangt.

Feuerwehrfest in Unfinden. Franken ist nicht Altbayern, aber Bierkrug und Männerstammtisch passen auch hierher.

Die Frage nach dem richtigen Weg. Wer von den Schwestern hat Recht?

Österlich geschmückter Dorfbrunnen in Mittelehrenbach im Landkreis Forchheim. Der alte Brauch wurde in den letzten Jahren zunehmend wieder aufgegriffen und wohl auch etwas überstrapaziert. Wer hat den schönsten, den größten Brunnen mit den meisten (Kunststoff-)Eiern?

Wespengewimmel an der Papierwabe. Obwohl gefürchtet, sind doch Wespen und Hornissen nützliche und nicht wegzudenkende Untermieter des dörflichen Obstgartens.

Entengewimmel am winterlichen Wasser. Wo ein Dorfweiher eisfrei bleibt, versammeln sich mitunter Stockenten in großer Anzahl.

Alter Hof in Schwürbitz im Landkreis Lichtenfels. Wohl jeder Städter trägt das Bild eines solchen Hofs mit Fensterläden, Lattenzaun und Bauerngarten in seiner Erinnerung. *(Seite 82/83)*

8

Josef Kraus kauft die jungen „Suggerla“ nicht, sondern zieht sie aus eigenem Wurf auf und nimmt sie sogar auf den Arm. Schweinebraten und „Knidla“ sind ein Stück Dorfkultur. Massentierhaltung und Hormonpräparate stehen für Urbanisierung und Abschied vom Dorf.

Mich wolln Sie fotografiern? Warum ausgerechnet mich? Hofläden und Direktvermarktung werden immer beliebter, bei Elisabeth Nögel in Effeltrich gibt es vieles: Kartoffeln und Kürbisse, Erdbeeren und Lollo Rosso, Räucherwurst und Dosenfleisch.

Rinder auf der Weide und der Weidewart Kurt Fleckenstein aus Weibersbrunn im Landkreis Aschaffenburg. Gespräch mit Kühen? Wohin die agroindustrielle Landwirtschaft uns Menschen und diese sanften Wiederkäuer geführt hat, zeigt die BSE-Krise. Dieses Bild aus dem Spessart stammt nicht aus den 50ern, sondern vom Oktober 2000. An wie vielen Stellen Frankens sieht es ganz anders aus? Wo dürfen Kühe noch auf die Weide? Was ist in unseren Herzen verloren gegangen?

Gut besetzter Storchenhorst in Gerhardshofen im Aischgrund. Auch wenn die Jungvögel schon fast flügge sind, trägt der Altstorch immer noch Nestmaterial ein.

Für das Überleben der Weißstörche sind dorfnahe Feuchtwiesen von entscheidender Bedeutung. Hier finden die Störche einen reich gedeckten Tisch: Frösche, Mäuse, Insekten und vor allem Regenwürmer.

Der Schatten des Walnussbaums auf der Fachwerkscheune wandert mit der Sonne über lebendiges Gemäuer.

Längst eine „historische“ Aufnahme, auch über dieses Bauernhaus in Rangen im Landkreis Forchheim ist die Renovierung hinweggegangen, vom Fachwerk nichts übriggeblieben.

Igel leben sowohl in Dorf und Stadt als auch an Waldrändern und in der offenen Kulturlandschaft. Naturnahe oder Bauerngärten und deren Komposthaufen mögen sie besonders gern.

Kornblume und Hundskamille sowie andere Ackerwildkräuter zieren Getreidefelder, die nicht allzu fanatisch mit Herbiziden behandelt werden. Auf Brachen wachsen diese „Unkräuter“ oft flächendeckend.

Der Fasan ist zwar ein Neubürger aus Asien, kommt aber ebenfalls mit der Kulturlandschaft in Dorfnähe sehr gut zurecht. Dieser Hahn bezieht seine Stellung mitten im Bohnenbeet.

Nachruf auf den Feldhasen, den liebenswerten Gefährten aus unserer Kindheit. Was für skurrile Eigenschaften haben wir ihm angedichtet? Jetzt ist er nur noch Rote-Listen-Art. Im Regnitztal zwischen Baiersdorf und Poxdorf „wimmelte“ es vor einigen Jahren von Hasen. Durch Baugebietsausweisungen, Verkehrszunahme, Beseitigung von Wiesen und Hecken sowie überzogene Abschüsse sind sie nahezu verschwunden.

Zweimal Hasenjagd, einmal mit und einmal ohne menschliche Beteiligung.

Für seine Bratwürste berühmt: Franken.
Vom hausgeschlachteten Schwein bis zur fertigen Wurst ist allerdings noch ein weiter Weg.

Nach der Erdbeerzeit beginnt ab Mitte Juni die Kirschenzeit in Mittel-und Oberfranken. In der Nähe der Kirschgärten stehen die Bäuerinnen, um die „Körbla“ mit den Kirschen an die Erlanger oder Nürnberger zu verkaufen.

Im Oktober herrscht in den mainfränkischen Weinbergen Hochbetrieb. An den steilen Rebhängen bei Volkach am Main werden die Trauben geerntet.

Franken ist nicht nur mit Bocksbeutel gleichzusetzen. Viele kleine Brauereien stellen Biere nach eigener Rezeptur her und sind bei Bierkennern und Insidern höchst beliebt. Eine davon ist die Lindenbräu in Gräfenberg, mit ihren Sudpfannen aus Kupfer, noch dazu eine Art kleines Braumuseun.

Der Turmfalke hat schon seit langem seinen Frieden mit den Menschen geschlossen. Er nistet in Kirchtürmen oder Scheunen, jagt Mäuse am Dorfrand und fällt dabei durch seine Rüttelflüge auf.

Alte Fachwerkscheune in Reifenberg bei Forchheim

Der Fluß dooselt und muselt und moggelt in seiner Bettstatt, dasig und daab wie ein Winterdachs. Wasserschnalzer und Wackerschmeißer geistern durch seine Träume, Schlammschuster und Schlappenschlorcher. Ein Schwan streichelt seelenruhig dem Kreuzweiher die Stirn, ein Storch steht auf einem Bein zwischen Milchstöck und Schmalzblumen, mit der Geduld eines Heiligen und der Würde eines Königs, ein Laubfrosch hupft in den Kleegraben am Gaulsdimpfel draußen, ein Reiher spitzt hinüber zur Winterung am Weiherhäusla, ein Neuntöter spechtet nach Hobbergeißen und Bremsen, ein Fasan verschanzt sich im Krenbeet, eine Rebhenne flattert aus der Regenfurche heraus, eine Elster schäkert im Birnbaum mit einem Star, eine zietschfreche Schwalbe flitzt mit der Schnake durch die Stalltür, ein Geierla kreist über den Hühnern und Spatzen, eine Ameise grabbelt über Bräserle und Breggerle, eine Wühlmaus gräbt sich im Schorgarten Stube und Speis, blaue Wicken zerren an Getreideflügeln, Hungerblumen und rote Ratteln, ein Maulwurf legt Knochen und Scherben unter einen Markstein, ein Schwalbenschwanz flattert über Schlotfegerle und Storchenblumen hinweg, über Bärentatzen und Gänskrägen, über Schafgarben und Hundskümmel, über Hopfenstücke, Weingärten, Kornstriche und Waldschläge hinfort, hin zu einem Kind zwischen Mistgruben und Heuböcken, zwischen Hackstöcken und Milchkammern, das bläst mit vollen Backen in die flockige Kugel des Löwenzahns hinein, und jetzt dämmert es dir und du gneist es, das bist ja du, ein Dreckspatz im Milchzahnland, mit Rotzglocken und Segelohren, mit Nachttopfschnitt und Hochwasserhosen, ein herumstreunender Stupfelhupfer im Zungenschlag, großen Geheimnissen und Schätzen unentwegt auf der Spur...

Bewegte Wasser

Eisvogel und Wasseramsel
Teichrose und Schachblume

Kalksinterterrassen an der Lillach. Klare, kalte Bäche sind charakteristisch für den Jura, wo das Wasser von den Karstquellem bis in die tief eingeschnittenen Täler ein starkes Gefälle zurücklegt und deswegen auch mit hoher Fließgeschwindigkeit talwärts strömt. Das Regenwasser wird im Boden mit Kalk angereichert und fällt diesen bei Übersättigung als Kalksinter wieder aus. Verschiedene Bäche wie die Lillach zeigen dieses Naturphänomen in Gestalt unzähliger Terrassen oder versinterter Blätter und Äste.

Blick von den Escherndorfer Weinbergen mainabwärts in Richtung Sommerach. Die Volkacher Mainschleife stellt mit Auwaldresten, riesigen Prall- und Gleithängen ein bedeutendes Naturreservat dar. Der Mainkanal, der die Schleife abkürzt, hält den Frachtverkehr fern, so dass der Altmain eine natürliche Oase des ansonsten stark vom Menschen in Anspruch genommenen Maintals darstellt.

Die Fränkische Schweiz wirkt nur von den Tälern her wild. In die Hochfläche haben sich Flüsse wie die Wiesent eingefressen und dabei schroffe Felsen herausmodelliert. Vom Flussbett der Wiesent bei Streitberg reicht der Blick bis zur Ruine Neideck, die auf steilen Felsen thront.

Die Feuchtwiesen an der Sinn in der Rhön gehören zu den wertvollsten ganz Nordbayerns. Orchideen wie das Breitblättrige Knabenkraut (o.l.) und vor allem die überaus seltene Schachblume (o.r.), eine Lilie, die in Nordbayern nur an dieser Stelle vorkommt, gehören zu den Besonderheiten, während Schlangenknöterich (u.l.) und Rote Lichtnelke (u.r.) ansonsten weiter verbreitet sind.

Da Wiesen Feuchtigkeit speichern, entsteht in den kühlen Abendstunden Bodennebel. Auen wie diese sind leider allzu häufig Opfer einer Umwandlung in Bauland, Maisäcker oder Gewerbeflächen. Diese Wiesenlandschaft bei Poxdorf ist längst verhunzt.

Trotz seiner Farbenpracht wird der Eisvogel oft übersehen, weil er mit rasanter Geschwindigkeit über die Wasseroberfläche dahinschießt.

Der Eisvogel bleibt im Winter in seinem Revier.

Blick von den Volkacher Weinbergen auf den Main. Mit seinen Inseln und Auwaldresten wirkt er an dieser Stelle noch recht naturnah. (Seite 108/109)

Flüsse in der Ebene strömen langsam und behäbig in weiten Mäandern durch Auen. Die Wörnitz bei Treuchtlingen im südlichen Mittelfranken ist so ein ruhiger Fluss mit stillen Buchten, in denen Teichrosen blühen.

Ein aufregend schöner Vogel des Auwalds ist der dottergelbe Pirol. Eher zu hören wegen seines Flötenrufs, dem er auch seinen Namen verdankt, als zu sehen, weiß sich dieser Sommervogel trotz seiner knalligen Farbe stets gut im Blattwerk der Pappeln und Eschen zu verstecken.

Die Feuchtwiesen der oberen Altmühl sind ein besonderes Vogelschutzgebiet. Der Brachvogel hat hier seinen Verbreitungsschwerpunkt. Sein flötendes Trillern zu Beginn der Paarung im zeitigen Frühjahr zählt zu den schönsten Vogellauten.

Nur noch sporadisch zu sehen: die Sumpfohreule.
Diese tagaktive Eule benötigt weite Sumpflandschaften und ist deshalb auch als Brutvogel aus Bayern verschwunden.
Gelegentliche Beobachtungen sind im Altmühltal möglich.

Feuersalamander: als Lurchi in der Kindheitserinnerung verewigt. Dabei haben ihn die wenigsten draußen angetroffen. Trotz seiner poppigen Zeichnung fällt er gar nicht so sehr auf zwischen Moos und Wurzel. Im Regen zu stehen, ist für ihn nichts Ungewöhnliches.

Der Steinbach windet sich aus den Spessartwäldern ins unberührte Hafenlohrtal. Kühe auf der Weide, umgeben von dichten Wäldern – ein Hauch von Allgäu in Nordbayern. Für diese Herde bei der Steinmühle sind Tiermehl und Milchaustauscher gottlob Fremdwörter.

Reifbildung am Bachufer. Die Nacht war kalt in Wassernähe und der Reif verweist auf den nahen Winter, während sich die warmen Brauntöne des spätherbstlichen Waldes im Wasser spiegeln.

Ein Charaktervogel der schnellen Bäche des Berglands ist die Wasseramsel, leicht erkennbar an ihrem weißen Brustlatz.

Das Universum ist ein gekrümmter Raum, finster und kalt, und mein Franken ein katzenbuckliger Ort, nebeldiesig und sandig. Welch ein schönes Wort: Ort. Schon allein, weil es sich aufs Wort reimt, auf Hort und dort, und so in einem fort. Es ist ein mundgroßes, offenherziges Wort, bodenfroh und tiefgründig, mit einem großen O am Anfang und einem kurzen, harten Ende. Im Wort, da steckt ein Ort mit W, ein Ort mit Weh ergibt ein Wort. Wieviel Weh und Ach und Ojeminee besitzt wohl ein Ort? Ach, hör auf! Da langt dir deiner Lebtag kein ABC. Die heimatliche Landschaft ist eine alte Kuhhaut voller Schriften und Zeichen, ein Kerbholz voller Narben und Spuren. Zugetragene Geschichten, eingefleischte Wendungen, erinnerte Gesichter. Mein Ort ist eine fast versunkene Gegend, eine erfundene, klingende, verwunschene Gegend, die vielleicht auf keiner Karte, aber gewiß im Sinn und auf der Zunge liegt. In einem Sprachkörper, der ein Stück Welt festhält und weiterträgt.
So gelangen wir zur Mundart, ihrem Klangbrei, ihrem Einbrenne, diesem grauen Bampf, der auf der Zunge picht wie eine pappnasse Oblate. Wenn man dem Dialekt dieser Landschaft zuhört, dann vernimmt man Bissen und Brocken, die „ummerdummrumbln" auf der verbrannten, herumzuckenden Zunge der Eingeborenen. Bescheiden wie Kiefern und Kartoffeln, widerspenstig wie Wacholder und Weiden, schlicht wie Bärendreck und Zieberleskäs, aber stark wie Kren und Kraut...
Mein Dichten und Trachten braucht eine grundfeste Landschaft und ein verläßliches Wort, die herzhafte Sprache von einem rauhschelfigen Schlag, die ganze Welt möcht ich in der Westentasche haben, wenn ich mit meinen Worten weiterzieh und sie versonnen auf der Hut droben weide und warte, zwischen Galgenbuck und Sternengarten...

Katzenbuckel

Riffkalk und Urgestein
Fledermaus und Wanderfalke

Ein Naturdenkmal ersten Ranges ist der im Obermaintal gelegene, 539m hohe Staffelberg. Als Zeugenberg ist er vollständig vom Albkörper getrennt. Vom Gipfelplateau sind Kloster Banz und die Basilika Vierzehnheiligen zu bewundern, der Blick reicht aber bei klarem Wetter bis zur Wasserkuppe in der Rhön. Leider wohl auch künftig auf die geplante Autobahn quer durchs Maintal, einer mehr zu der ohnehin bestehenden längs des Mains. Der Staffelberg kann nichts dafür und ist in jeder Hinsicht sehenswert, mit dem Ringwall aus der Keltenzeit, Steppenheide, Kapelle und Klause, Riffkalken und Dolomitfelsen.

Die Felsklüfte des Juragesteins dienen dem Fuchs häufig als Unterschlupf und „Wochenstube“. Keine Naturbegegnung ist anrührender als die mit den herumtollenden Fuchswelpen, keine Bejagung paranoider als die auf Fuchsbabies.

Später am Abend, wenn das Licht kaum die Unterscheidung von Tier und Fels ermöglicht, fährt der Dachs aus. Fühlt er sich sicher, dann kratzt er sich laut und lustvoll, das Blitzlicht quittiert er mit deutlichem Grollen.

Der riesige Uhu weiß sich trotz seiner Körpergröße gut zu verstecken. In Felsnischen oder Baumkronen verbringt er den Tag. Erst in der Dämmerung wird er aktiv und fliegt lautlos von Felsspitze zu Felsspitze.

Felsenburgen, Felsentürme, wollsack- und matratzenähnliche Gebilde, Ruinen und Quader, aufliegende und überhängende Blöcke. Das Formenspiel des gewaltigen Blockmeers von Granitverwitterungen auf der Luisenburg ist vielfältig und hat schon Goethe beeindruckt.

Das Fichtelgebirge stellt ein nach Osten offenes Hufeisen dar, der höchste Gipfel der südlichen Flanke ist die Kösseine mit 933 Metern. Über die mächtigen Granitblöcke geht der Blick in die Wunsiedler Bucht, die dürren Bergfichten erinnern an das dramatische Waldsterben infolge des sauren Regens.

Als heiliger Berg der Franken gilt der Kreuzberg in der Rhön mit seinen drei Gipfelkreuzen und ausgedehnten Klosteranlagen.

Durch Rodung entstand in der Rhön eine urtümlich wirkende Gras- und Moorlandschaft, die mehr an Schottland als an Franken erinnert. Hier leben Nordbayerns letzte Birkhühner, die im zeitigen Frühjahr ihre Balzturniere austragen.

Bergwiesen am Heidelstein in der Rhön. Obwohl fast 1000 Meter hoch, gleicht dieser Berg eher einer Tischplatte. Magerwiesen mit überreicher Flora, Türkenbundlilien zu Hunderten, an deren Blütenturbanen der Wind zerrt. *(Seite 126/127)*

Auf Steppenheiden und Jurafelskuppen mit Weißem Mauerpfeffer, der Futterpflanze für die Raupen, fliegen an einigen wenigen Stellen die fränkischen Apollofalter. Ein Falterleben verkörpert wie kaum etwas anderes Zerbrechlichkeit, Anmut und Stärke der Natur.

Dolomitfelsen am „Walberla", dessen Name wohl auf die fränkische Aussprache von „Walpurgis-ley" (Walpurgis-Berg) zurückzuführen ist. Nach einem Regenguss färbt die Sonne die tiefhängenden Wolkenreste gelb.

Überwinternde Bechstein-Fledermaus, von Tautropfen übersät, in einem Bierkeller bei Ebermannstadt. Die höhlenreiche Frankenalb stellt für viele Fledermausarten optimale Winterquartiere bereit.

Lange Zeit galt er als ausgestorben. Jetzt ist er zurückgekehrt in die Felsreviere der Frankenalb, der Wanderfalke. Seine Anwesenheit gibt Hoffnung und Mut.

Steil ragt der Dolomitfels in den Himmel, der das Seine tut, um Colorado-Farben auf die Felsenszenerie zu zaubern. So ein Aussehen hat das „brave“ Walberla nicht alle Tage im Jahr.

Die steilen Felstürme des Rötelfels bei Wannbach ragen aus einem Meer von Buchen.

Kühner Jäger aus dem Inneren tiefer Bergwälder, der Habicht hat einen Fasan geschlagen und sitzt vollgekröpft auf den Resten seiner Beute.

Die zierliche Haubenmeise bewohnt die Nadelwälder des Fichtelgebirges.

Berndt Fischer
wurde 1949 in Amberg (Oberpfalz) geboren und lebt seit 1972 im Erlanger Raum. Seit diesem Zeitpunkt faszinieren ihn Naturlandschaften und Tiere der fränkischen Wahlheimat. Seit dieser Zeit ist aber auch über diese an Naturschätzen reiche Landschaft eine wahre Heimsuchung an Naturzerstörung hinweggegangen: Rhein-Main-Donau-Kanal, Frankenschnellweg, Maintalautobahn, ICE-Trassen, Weinbergsflurbereinigung, Weiherentlandung, Biotopzerstörung und Zersiedelung. Aus diesem Grund engagierte er sich in Umweltgruppen. Die Arbeit mit der Kamera wurde nach und nach zum wichtigsten Anliegen, um die Naturschönheiten, aber auch deren Gefährdung zu dokumentieren. Seit mehreren Jahren fotografiert er Tiere und Naturlandschaften auch in anderen Ländern und Erdteilen. Seine Bilder erscheinen regelmäßig in Zeitschriften und Büchern, mehrfach wurden Aufnahmen in nationalen und internationalen Wettbewerben prämiert.

Helmut Haberkamm,
1961 in Dachsbach im Aischgrund geboren, Schulzeit in Neustadt/Aisch, Studium in Erlangen und Swansea (Wales), Promotion über britische Gegenwartslyrik, lebt und arbeitet in Spardorf bei Erlangen. Preisgekrönter Autor von Mundartgedichtbänden „Frankn lichd nedd am Meer", „Wie di erschdn Menschn", „Leem aufm Babbier", „Lichd ab vom Schuß", Theaterstücken „Schnellhammer", „Der Kartoffelkrieg" und Erzählungen (alle im ars vivendi Verlag, Cadolzburg).

Für den Schutz der Natur und die Erhaltung intakter Lebensräume von Tieren und Pflanzen setzen sich ein:
Landesbund für Vogelschutz in Bayern e.V., Verband für Arten und Biotopschutz, Eisvogelweg 1, 91161 Hilpoltstein;
Bund Naturschutz in Bayern e.V., Dr.-Johann-Maier-Straße 4, 93049 Regensburg.

Verlag und Autor bedanken sich bei ihnen für die Unterstützung bei der Herausgabe dieses Buches.